BARBAROSSA

Otto Müller

Friedrich I. ist im Jahre 1122 geboren. 1152 wurde er zum deutschen König gewählt und 1155 krönte ihn der Papst in Italien zum Kaiser. Die Italiener gaben ihm den Spitznamen Barbarossa, weil er einen roten Bart hatte.

Er regierte über beide Nationen und war sehr beliebt. Im Jahre 1190 ist er in Kleinasien, wo er das Heilige Land befreien wollte, ertrunken.

BEARBEITUNG, ÜBUNGEN UND WORTERKLÄRUNGEN OTTO MÜLLER
EDITING MILLER S.E. • ZEICHNUNGEN ERIKA FLAUNER

ERSTE LEKTÜREN
BELIEBTE GESCHICHTEN IN EINEM BÜCHLEIN.
SIE SIND LEICHT ZU LESEN UND AUßERDEM LUSTIG!

La Spiga languages

BARBAROSSA

Friedrich I. ist ein bedeutender Kaiser. Er regiert[1] über Deutschland und Italien. In diesem Land nennt man ihn Barbarossa, weil er einen roten Bart[2] trägt und bald wird dieser Name auch in Deutschland bekannt.

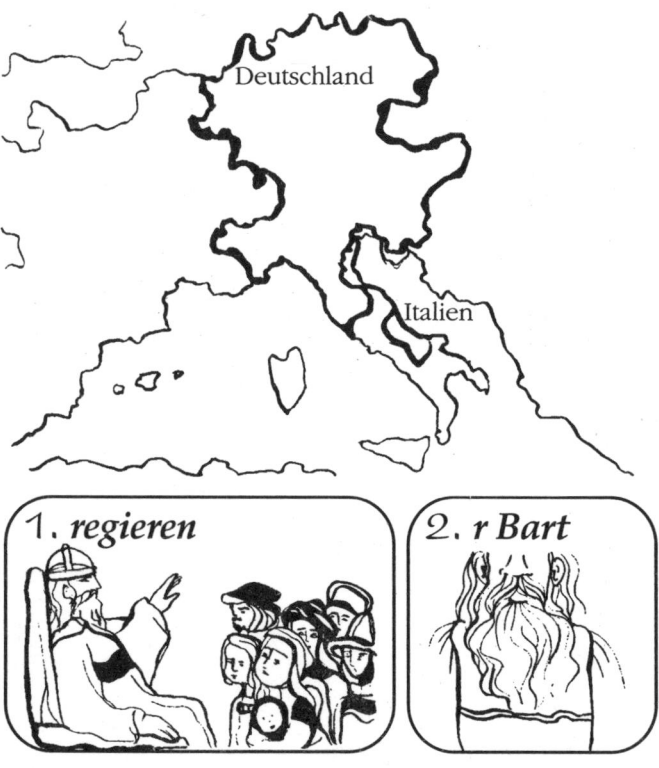

1. regieren
2. r Bart

ÜBUNGEN

✎ **Fragen zum Text.**
Kreuz die richtigen Antworten an!

Was ist Friedrich I.?
- ❒ Papst
- ❒ Prinz
- ❒ Kaiser

Über welche Länder regiert er?
- ❒ Über Österreich.
- ❒ Nur über Italien.
- ❒ Über Deutschland und Italien.

Warum nennt man ihn Barbarossa?
- ❒ Weil er immer rot im Gesicht ist.
- ❒ Weil er einen roten Bart trägt.
- ❒ Weil er alt ist.

Wer nennt ihn Barbarossa?
- ❒ Die Italiener.
- ❒ Die Deutschen.
- ❒ Die Österreicher.

Im Jahre 1154 hält er seinen ersten Reichstag in Italien. „Wenn ihr meinen Befehlen folgt, wird es euch gut gehen.", sagt er zu den Lombarden. Auch Leute von Genua sind anwesend. „Majestät, nehmt unsere Gaben, die wir euch gebracht haben. Hier sind Löwen[1], Papageien[2] und Strauße[3]!"

1. *r Löwe*

2. *r Papagei*

3. *r Strauß*

ÜBUNGEN

✎ **Bilde den Infinitiv und das Präteritum der folgenden Verben!**

er regiert	regieren	er regierte
man nennt ihn	....	....
er trägt	....	....
sie ist	....	....
er hält	....	....
er kommt	....	....

✎ **Bilde mit den obigen Verben Sätze!**

....
....
....
....
....

„**W**ir haben sie bei unseren Kämpfen[1] in Lissabon erobert.", sagen sie stolz[2]. Das war zur damaligen Zeit eine große Attraktion.
Barbarosa ruft die Flotten[3] von Genua und Pisa zusammen.

1. *r Kampf*

2. *stolz*

3. *e Flotte*

ÜBUNGEN

✎ Ordne die folgenden Synonyme den untenstehenden zu!
bisschen – bloß – klar – nie – nun – zu

jetzt ....

geschlossen ....

wenig ....

zu keiner Zeit ....

deutlich ....

nur ....

✎ Wie heißt das Gegenteil?
alt – dick – schlecht – klein – tief – warm

kalt ....

gut ....

groß ....

jung ....

hoch ....

dünn ....

„Bereitet euch vor; ich plane einen Krieg[1] gegen die sizilianschen Normannen. Haltet euch zum Kampf bereit!", ruft er.
Nach dem Reichstag zieht[2] der damalige König vorwärts durch die Po-Ebene[3].

1. r Krieg
2. ziehen
3. e Po-Ebene

ÜBUNGEN

✎ **Welche Zahlen sind hier versteckt?**

Gib acht, ich kann dir nicht helfen.
Ich habe zweimal angerufen.
Er ist erst heute Nacht zurückgekommen.
Er und sie benachrichtigten mich später.

_____ + _____ + _____ + _____ + _____ = 36

✎ **Bilde den Singular folgender Wörter!**

der Kaiser	die Kaiser
....	die Länder
....	die Namen
....	die Löwen
....	die Kämpfe
....	die Flotten
....	die Kriege
....	die Ebenen

Die Gegend zwischen Mailand und Pavia ist verwüstet. Die Leute klagen: „Wir haben keine Nahrung[1] und keine Medikamente[2] für unsere Kranken." Auch das Heer des Königs hat wenig Lebensmittel und Futter[3] für die Pferde.
Sie plündern daher Städte und Burgen.

1. e Nahrung

2. die Medikamente

3. s Futter

ÜBUNGEN

 Welche Kombinationen sind möglich?
an – auf – ver – vor – zu

nehmen: annehmen, aufnehmen, vernehmen, vornehmen, zunehmen

machen: ....
....
....

ziehen: ....
....
....

geben: ....
....
....

sprechen: ....
....
....

Der Kaiser ist sehr böse und schreit sehr laut: „Mehr Disziplin, meine Herren!"
Alle müssen schwören[1], dass sie für den Frieden kämpfen. Wer diesen Eid bricht, wird enthauptet[2]. Die Mailänder bieten dem Kaiser 4000 Mark in Silber an[3].

1. schwören

2. enthaupten

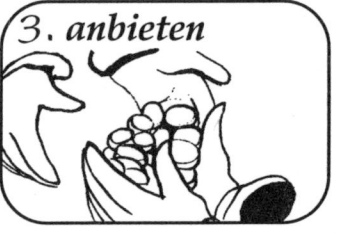
3. anbieten

ÜBUNGEN

✎ Suche 15 Begriffe!

B	Z	R	E	S	I	A	K	D	J
K	A	M	P	F	M	G	R	U	B
L	E	R	D	B	E	B	E	N	R
Q	P	C	B	I	E	B	E	N	E
S	P	U	R	A	G	T	R	A	B
P	U	K	B	X	R	W	E	Y	L
V	R	S	A	E	P	O	S	H	I
I	T	A	L	I	E	N	S	V	S
R	Z	G	M	C	T	O	A	S	C
P	F	E	R	D	U	J	W	D	A

Krieg, ...
....
....
....
....

Sie wollen aber die zerstörten Städte nicht wieder aufbauen. „Ich nehme dieses Geld[1] nicht. Arbeitet[3] für das Silber. Helft der Bevölkerung und baut neue Häuser[4] und Monumente!"

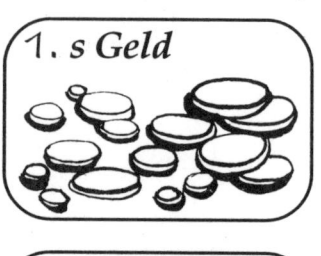

1. s Geld

2. arbeiten

3. e Bevölkerung

4. die Häuser

ÜBUNGEN

✎ **Verneine die Sätze!**

Die Deutschen überqueren die Brücke.
Sie überqueren die Brücke nicht.

Die Truppen ziehen nach Verona.
....

Die Soldaten sind krank.
....

Der Papst krönt Barbarossa zum Kaiser.
....

Der Kaiser ist in Rom.
....

Die Genuesen bringen ihm Geschenke.
....

Barbarossa trägt einen weißen Bart.
....

Der Papst macht Barabrossa in Rom zum Kaiser. „Hier hast du Schwert[1], Zepter[2] und Krone. Ich ernenne dich zum Schutzherrn der römischen Kirche[3]", sagt der Papst, „ziehe nach Süden, und kämpfe gegen die Normannen." „Meine Soldaten sind krank und schwach", sagt Barbarossa, „ich muss die Reise aufgeben."

1. s Schwert

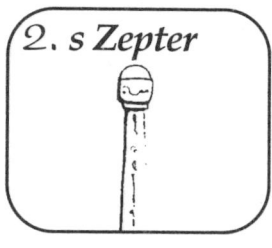

2. s Zepter

3. e Kirche

ÜBUNGEN

✎ Beginne folgende Sätze mit dem Subjekt!

Morgen geht Barbarossa nach Rom.

Barbarossa ....

Später will sich der Kaiser erfrischen.

....

Bald trennt sich der Kaiser von der Truppe.

....

Zuerst regiert Friedrich I. über Deutschland.

....

Eines Tages will er nach Kleinasien reisen.

....

Dort will er das Land befreien.

....

Barbarossa zieht mit einer kleinen
Truppe nach Verona.
Die Bürger bauen eine Brücke[1] über den
Fluss[2] Etsch. Sie soll beim Überqueren
einstürzen und somit die Truppe des
Kaisers ins Wasser reißen. Sie wollen
die Stadt vor den Deutschen schützen.
Die Brücke hält. Später gehen die
Veroner Truppen über die Brücke. Jetzt
stürzt sie ein!!

1. *e Brücke*

2. *r Fluss*

ÜBUNGEN

✏️ **Fragen zum Text.**

Wo krönt der Papst Barbarossa?

....

Was gibt ihm der Papst bei der Krönung?

....

Wer gibt ihm den Namen Barbarossa?

....

Über welche Länder regiert er?

....

Was will er in Kleinasien tun?

....

Wer baut die Brücke?

....

Wer geht über die Brücke?

....

Da greifen die Veroner Truppen die Gruppe des Kaisers an. Sie erleiden aber eine Niederlage[1].
Einige Jahre später will Kaiser Barbarossa das Heilige Land befreien und zieht nach Kleinasien. Seine Ritter[2] und Soldaten müssen hohe Klippen[3] überwinden.

1. *e Niederlage*

2. *r Ritter*

3. *die Klippen*

ÜBUNGEN

✎ **Setz die richtigen Präpositionen ein!**
auf – gegen – im – in – in – mit – nach – nach – nach – wegen – zum

Barbarossa reitet .... seinem Pferd .... Italien.

Er kommt .... Rom an.

Man nennt ihn Barbarossa .... seines roten Barts.

.... Italien wird er .... Kaiser gekrönt.

Er badet .... Fluss.

Er führt Krieg .... viele Städte.

Barbarossa geht .... Kleinasien, um das Heilige Land zu befreien.

Er kommt .... seinen Truppen .... Deutschland zurück.

Im gleichen Jahr trennt sich Barbarossa von der Gruppe und zieht mit nur einem kleinen Gefolge voraus. Die Hitze[1] ist unterträglich und nach einem ausgiebigen Mittagessen sagt der Kaiser zu den Rittern: „Ich halte diese Hitze nicht mehr aus. Ich nehme ein Bad[2] im Fluss."
„Nein, Majestät, das Wasser ist eiskalt und Sie haben gerade zu Mittag gegessen. Das ist zu gefährlich!!"

1. *e Hitze*

2. *s Bad*

ÜBUNGEN

✎ **Bilderrätsel.** ß = SS, Ü = UE

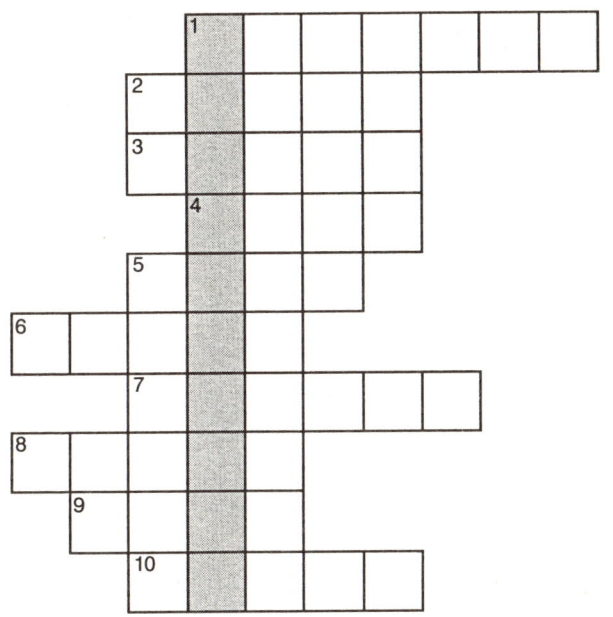

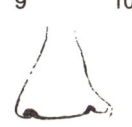

1. r Schatten
2. e Buche

Alle warnen ihn: „Setzen Sie sich in den Schatten¹ dort unter die alte Buche². Da ist die Hitze erträglich und Sie können sich in frischer Luft ausruhen", sagen die Ritter. Aber Kaiser Barbarossa hört nicht auf sie. Ohne etwas zu sagen, entkleidet er sich, springt in die eiskalte Flut und ertrinkt.

ÜBUNGEN

✎ Beschreib das Bild!

Wie heißt er?

....

Was trägt er im Gesicht?

....

Was hat er auf dem Kopf?

....

Wie hat er an?

....

Niemand kann ihm helfen. Die Ritter sind ratlos. Einige von ihnen kehren in die Heimat zurück, um ihrem Volk[1] die traurige[2] Nachricht zu überbringen. Die Leute können es einfach nicht glauben, dass ihr geliebter Kaiser tot[3] sein soll und es entsteht eine Sage:

1. *s Volk*

2. *traurig*

3. *tot sein*

ÜBUNGEN

✎ Wie heißen die Tiere?

....

....

....

Kaiser Barbarossa ist nicht tot. Er schläft[1] mit seinen Rittern in einem Marmorberg. Alle hundert Jahre erwacht[2] er und schickt einen Ritter hinaus:
„Sieh nach, ob die Raben[3] noch um den Berg fliegen!"
„Ja", sagt dieser, „die Raben fliegen noch um den Berg."

1. *schlafen*

2. *erwachen*

3. *die Raben*

ÜBUNGEN

✎ **Nun ordne den auf Seite 27 genannten Tieren die passenden Verben zu!**

bellen – brummen – grunzen – miauen – wiehern – zischen

Der Hund bellt.

....

....

....

....

....

Und welches Geräusch macht die Kuh?

Sie ....

Und der Hahn?

Er ....

Dann setzt sich der Kaiser erneut auf seinen Stuhl[1] aus Marmor, stützt seinen Kopf[2] in seinen Händen[3] und sagt: „Dann muss ich noch weitere hundert Jahre schlafen." Eines Tages wird er für immer erwachen und wieder über seine Völker regieren.

1. *r Stuhl*

2. *r Kopf*

3. *die Hände*

ÜBUNGEN

✎ **Erzähl mit eigenen Worten die Sage über Barbarossa!**

Es war einmal ....

ERSTE LEKTÜREN

Beaumont	DIE SCHÖNE UND DAS BIEST
Beitat	DIE ZWERGE IM WALD
Beitat	DER KOMMISSAR
Beitat	HERKULES
Dumas	DIE DREI MUSKETIERE
Grimm	ASCHENPUTTEL
Grimm	HÄNSEL UND GRETEL
Müller	BARBAROSSA
Müller	DER WEIHNACHTSMANN
Schiller	WILHELM TELL
Schmid	DER GEIST MURFI
Schön	DER UNFALL
Schön	FINDE DAS GOLD!
Spyri	HEIDI
Stoker	DRACULA
Wagner	DIE MASKE
Wallace	BEN HUR
Wallace	KING KONG

SEHR EINFACHE LEKTÜREN

Ambler	TOPKAPI
A. Doyle	DIE MUMIE
I. Doyle	SHERLOCK HOLMES
Grem	ATTILA DER HUNNENKÖNIG
Krause	FRANKENSTEIN GEGEN DRACULA
Laviat	DIE FLUCHT AUS ALCATRAZ
Paulsen	ALBTRAUM IM ORIENT EXPRESS
Pichler	BONNIE UND CLYDE
Pichler	DER HAI
Pichler	TITANIC
See	WO IST DIE ARCHE NOAH?
See	DIE SCHATZSUCHE
Stevenson	DR. JEKILL UND MR. HYDE
Straßburg	TRISTAN UND ISOLDE

VEREINFACHTE LESESTÜCKE

Beitat	DAS AUGE DES DETEKTIVS
Beitat	DIE GESCHICHTE VON ANNE FRANK
Beitat	GESPENSTERGESCHICHTEN
Beitat	SIEGFRIED HELD DER NIBELUNGEN
Beitat	TILL EULENSPIEGEL
Berger	IN DER HAND SCHINDLERS
Brant	DAS NARRENSCHIFF

Brentano	RHEINMÄRCHEN
Busch	MAX UND MORITZ
Gaber	DAS MONSTER VON BERLIN
Goethe	FAUST
Grimmelshausen	SIMPLICIUS SIMPLICISSIMUS
Grund	DIE MUMIE
Grund	DRACULAS ZÄHNE
Heider	VERSCHWUNDEN IN OST-BERLIN
Herrig	DIE PRINZESSIN SISSI
Hoffmann	STRUWWELPETER
Kopetzky	DAS BERMUDADREIECK
Raupl	ROMMEL DER WÜSTENFUCHS
Shelley	FRANKENSTEIN

LEKTÜREN OHNE GRENZEN

Fontane	EFFI BRIEST
Wagner	DER RING DES NIBELUNGEN

VERBESSERE DEIN DEUTSCH

Büchner	LEONCE UND LENA
Chamisso	PETER SCHLEMIHLS GESCHICHTE
Eichendorff	AUS DEM LEBEN EINES TAUGENICHTS
Goethe	DAS MÄRCHEN
Goethe	DIE LEIDEN DES JUNGEN WERTHER
Grimm	AUSGEWÄHLTE MÄRCHEN
Grimm	DEUTSCHE SAGEN
Hauff	ZWERG NASE
Hoffmann	DER GOLDENE TOPF
Hoffmann	SPIELERGLÜCK
Kafka	DIE VERWANDLUNG
Kafka	IN DER STRAFKOLONIE
Keller	DIE DREI GERECHTEN KAMMACHER
Lessing	FABELN UND ERZÄHLUNGEN
Rilke	* DIE LETZTEN
Schiller	WILHELM TELL
Schnitzler	DIE TOTEN SCHWEIGEN
Storm	IMMENSEE
Wedekind	DAS OPFERLAMM

TASCHENBÜCHER

Gotthelf	DIE SCHWARZE SPINNE
Hoffmann	MÄRCHEN
Lessing	EMILIA GALOTTI
Lessing	NATHAN DER WEISE

© 2000 *La Spiga languages* · DRUCK IN ITALIEN **TECHNO MEDIA REFERENCE** · MAILAND
VERTRIEB **MEDIALIBRI S.R.L.** VIA IDRO 38, 20132 MAILAND · ITALIEN · TEL. 0227207255 · FAX 022567179